거울 안 봐도 미인이십니다

박춘수 제2시집

문학공원 시선 262

거울 안 봐도 미인이십니다

박춘수 제2시집

문학공원

자서

올여름은 무더위가 극성을 부렸다
추석 연휴에 무더위로 시간을 낭비했다

곧 겨울이다
천고마비의 계절에 남자의 가을이고 싶다

차례

자서   5

1부
생의 독백

한 편의 시	12
유제(有題) · 1	13
친구	14
마음	15
생의 독백	16
꿈	17
살아있다는 것	18
해야 고맙다	19
삶	20
봄비	21
안산(安山)	22
거시기	23
생의 독백	24
시	25
내 나이 금년 71세	26
행복	27
만우절	28
칠순 잔치	29
행복에 대하여	30
목구멍이 포도청이라	31
이삿짐 이야기	32

2부
공수래공수거

고향(故鄉)	34
여자는 남자보다 강하다	35
문학의 힘	36
휴대폰	37
살아있다는 것	38
노동산	40
아버지 · 1	42
아버지 · 2	44
아버지의 삶	46
내 나이 일흔한 살에	48
시인에 대하여	50
소망	52
모두가 죽었다	54
은혜(恩惠)	56
안동당숙 박채순 씨	58
이명 현상	60
공수래공수거	61
살기 좋은 고장 안산	62
코로나19 바이러스	64
정월대보름 날	65

차례

3부
아파트 경비원

큰 소리	70
정년퇴직	71
9988234	72
아파트 경비원	73
돈	74
저녁 준비	75
사람이 된 시인	76
거울 안 봐도 미인이십니다	77
홍희 통닭집	78
허, 참	79
오후 4시	80
야간 순찰	81
모두가 잠이 들었다	82
TV 1대	83
거짓말도 통할 때가 있는 세상이다	84
웃어보세요	85
청소하는 날	86
아파트 경비원 · 2	88
박 반장	90

4부
염색하는 아내

아내여, 나의 아내여	92
그녀의 기도	93
미심(美心)	94
염색하는 아내	95
전화	96
사랑아	97
카톡	98
아내	99
아내에게 바치는 글 · 1	100
유제(有題) · 2	101
보라네	102
나의 아내	104
아내에게 바치는 글 · 2	106
이런 이야기	108
어떤 부부	110

차례

5부
그분의 마음

기도	114
기도가 되지 않을 때	116
천국과 지옥	117
그분의 마음	118
시인의 사명주심을 감사	119
하나님을 사랑하는 자	120
감사하는 마음으로	121
메시아	122
믿음	123
영생의 삶	124
기도하는 자	126
신앙	128
감사하는 마음	129
살아계신 여호와	130
여호와는 곧 예수 그리스도시다	131
예수 그리스도	132
물의 심판이 임하던 날	134
성경은 살아계신 여호와다	136
남자는 일해야 산다	137
이 세상은 나그네의 삶	138

작품해설 140
신앙심을 바탕으로 한 사랑과 봉사의 시학
- 김순진(문학평론가 · 한국문인협회 이사)

1부
생의 독백

한 편의 시

당신이 써놓은 한 편의 시에
당신이 좋아서 어쩔 줄을 모른다면
당신의 글을 읽는 사람들도
당신과 같은 마음일 겁니다

글이라는 건 하루하루 살아가는 삶의 日記입니다

거짓된 일기는 곧
거짓된 글
거짓된 시입니다

일기는 곧 삶이요
하루하루 살아가는 삶의 글이요
삶의 소망을 담은
한 편의 시입니다

시인이 되기 전에
사람이 되라는 말을
언행일치를 강조하는 셈이지요

유제(有題) · 1

당신께서 써놓은 한 편의 시에
만족함을 느꼈다면
당신은 시인입니다

당신께서 써놓은 한 편의 시 속의 주인공이
당신이라면
당신은 시인이기 전에
한 사람 인간입니다

사람들이 살아가는
아름다운 이 세상에서
서로 웃음을 나누고
마음을 통하는 이웃이 있다는 것만으로도
당신은 이 세상에서 살아가야 할
충분한 이유가 되는 거죠

친구

좋은 친구란
나에게서 멀리 있는 게 아니라
내 곁에 있는 사람이다

좋은 친구란
내 허물을 덮어 주고
나의 좋은 점을 칭찬해주는 사람이다

내가 먼저
내 허물이 없는가 살펴보라
내게 허물이 없어야
내가 원하는 친구가 다가온다

친구란
서로가 궂은 일이 있을 때
서로 눈물 흘려줄 수 있어야 한다

세상 살아가면서
단 한 사람
나를 아는 친구는
天下를 얻은 거나 다름이 없다

마음

서로 가깝게 살아도
마음의 문이 닫혀 있으면
멀어진 사람이지만

멀리 떨어져 있어도
마음의 문이 항상 열려 있다면
가까운 사람이다

사람과 사람 사이는
서로가 떨어져 있는 거리보다
열리고 닫힌 마음에서 비롯된다

생의 독백

삶이란 행복의 씨실과
불행의 날실로 엮어가는
너와 나 그리고 나그네의 소풍 이야기

잘난 사람 못난 사람 모두
알고 보면 빈손으로 태어나
빈손으로 이 세상을 하직하는

이 세상 그 어떤 것도
저 천국의 먼지보다 못한 것을

지금 이 순간에도
기껏해야 120년도 살지 못하는 너와 내가
천 년 만 년 살 것처럼
행복의 씨실과 불행의 날실 속에서
아까운 세월만 잡아먹고 있네 그려

꿈

늙었다는 건
나이가 많고 적고가
문제되지 않는다

아무리 젊은이라 할지라도
꿈이 없으면
그의 육체는 젊었으나
정신은 노인이나 다름이 없다

허나
70, 80, 90을 살아도
항상 꿈을 잃지 않고 살 때에
그의 육체는 老人이나
그의 정신은 靑春이나 다름없다

꿈은 소망이다
소망으로 사는 사람에겐
치매, 중풍과 같은 병마가 찾아올
시간이 없다

살아있다는 것

살아있다는 것은
소망이요 희망이요 꿈이다
죽어있다는 것은
소망도 희망도 꿈도
모두를 잃어버린 것이다

내가 살아있기에
지구가 살아있고 세상이 살아있다
내가 죽으면
지구든 세상이든 모두 다 죽어버린다

물론 내가 이 세상에 없어도
내가 아닌 또 다른 나 같은 사람들이 있기에
소망도 희망도 꿈도 있다

죽음은 공평해서
잘난 사람 못난 사람
악한 사람 착한 사람
모두 다 데려가 버린다

해야 고맙다

해야 고맙다
오늘 하루도 수고 많았구나

해야 고맙다
너는 눈이 너무너무 맑아서
오늘 하루 삼라만상의 모든 일거수일투족을
낱낱이 기억할 테지

그런 와중에도
너의 할 일을 다 하고
황혼이 되었구나

석양 노을이 아름다운 건
너의 하루가 항상 정직으로 가득하다는 걸
말하는 거야

내일 다시 네가
이 세상에 나올 때
숱한 삶의 일기들을 너는 써갈 테지
이 밤도 피곤한데
푹 쉬어라, 사랑하는 해야

삶

당신의 연필과 볼펜과 붓으로
살아온 세월과
살아가는 세월과
살아갈 세월의 숫자를 써보라

몇십 년의 추억
몇십 년 후의 소망이 함께하는
현재의 당신의 정신은
지극히 건강하다고 인정하는가

오늘을 살아가되
그런 오늘들이 모여
착했던 그리움으로 남고
또 다른 소망이 다가오는 당신이 될 수만 있다면

하루 세 끼
꼬박꼬박 까먹지 않고
먹고 살아가는 당신은
분명
이 세상에서 꼭 살아가야 할
충분한 이유가 될 수 있다는 것을

봄비

오늘은 날씨가 참 양반이다
오전 내내 비가 오더니
소리 없는 이슬비가 내린다

이제 春分도 지나고
산수유, 매화, 진달래, 개나리, 목련이
줄서기를 하는 봄꽃 축제가 진행 중이다

해마다 봄꽃들이 필 때 쯤이면
심술궂은 비바람이 몰아와
금방 화사하게 되어있는 꽃들을
인정사정없이 떨어지게 하는데

올해가 청룡의 해라 그래서일까
일 년 첫 시작의 봄비가
왜 이토록 점잖게 내리시나

하루 종일 바람 한 점 없이
봄비님 고맙고 감사합니다
피어가는 꽃망울이 땅에 떨어질까
조심조심 내려줘서 너무 고맙습니다

안산(安山)

초복이 지난 지 사흘째
장마 전선이 북상 중이다

새벽에
시간당 28mm의 비가 내렸다

조용하던 안산천에
이곳저곳에서 갑자기 불어난 물로
다리 밑에서 2m가량을 남겨놓고
하천 범람주의보가 발령되었다

2024년 새해가 밝은 후로
처음 내린 집중 호우다

다행히 安山 주변엔
높은 산이 없고 배수로가 잘 되어
침수 피해가 전혀 없다

내가 이곳에서 살아온 지가 30년째
그동안 폭설, 폭우는 단 한 차례도 없는
살기 좋은 고장이다

거시기

여보세요 세상사는 것
마음먹기 달렸더라구요

아 글쎄
거시기가 시인이 될 줄 누가 알았겠어요

어려서 남의 집에 가기를 싫어하던
지지리도 못난 애가
하긴 젊어서 가수가 되겠다고 날뛸 땐
날아가는 새도 잡을 것 같더니만
다 돈키호테의 공상에 불과한 추억일 뿐
평생을 죽도록 **뼈 빠**지게 산업현장만
쫓아다니더니
아 글쎄 나이 64세에 문단에 등단해서
시인이라 그럽디다

수십 년 동안 괴로우나 기쁘나 틈만 나면
습작하던 버릇이 좋은 열매를 맺었네요

개천에서 용 나지 않나요
농촌에서 예술인 되기가 하늘의 별 따기인데

생의 독백

너와 내가
이 세상을 살아가는 것은
오늘보다 나은 내일을 위해서
너와 내가 존재하는 것이다

살다 보면
삶이라는 게
우리의 뜻대로 되지 않는다 해서
좌절하거나 넘어지면
인생 낙오자가 되는 법
쓰러져도 다시 일어서는
오뚜기의 삶을 배울 때
그렇게 살다 보면
생각지도 않는 행운들이
줄서기를 하는 법이다
하여
고난 중에도 항상 감사한 마음으로
살아갈 때
지성이면 감천이란 명언이 나오는 법이다

시

시는 명상입니다
우리가 살아가는 삶의 철학이지요

시는 일기입니다
너와 내가 살아가는
하루의 이야기입니다

시는 곡조 붙은 노래입니다
어깨춤을 덩실덩실
두 다리 비비 꼬면서
남사당패 풍악 소리

아주 그냥
세상 살 맛이 나는 거죠

내 나이 금년 71세

내 나이 금년 71세
71세 된 내 나이는
이 세상에선 늙어가지만
저세상에선 젊어감이라
세상 사람들아
내 나이 늙었다 헛소리하지 마라
내 육신 늙어가나
마음은 이팔청춘
젊음이 꽃 피는구나

꽃피는 내 마음에
벌, 나비 찾아와
인생의 향기를
남은 내 생애에 뿌려가리

내 나이 금년 71세
71세 된 내 나이는
이 세상에선 늙어가지만
저세상에선 젊어감이라
세상 사람들아
내 나이 늙었다 헛소리하지 마라

행복

화내는 사람을 찾아갔다
왜 시도 때도 없이
화를 내느냐고

화내는 사람이 세상 살 맛이 없단다
왜 없느냐고 물었더니
행복이 저를 버렸단다

화내는 사람에게
행복은 찾아오는 게 아니라
내가 행복을 만들어 가는 거에요
당신은 화를 내니까
행복이 오다가 놀라 도망가지 않아요

행복이 어디 보여요?
화내는 사람이 묻는다
행복은 눈에 보이는 게 아니라
당신 마음에 있어요

화내는 사람이 화를 그치고
행복을 찾아갔다

만우절

형님, 중국이 올해가 넘어가기 전에
폭삭 망한다고 합니다
그리고 러시아나 북한도
망할 가능성이 많다고 그러더라구요
그뿐인 줄 아세요
한국이 앞으로 몇십 년 이내에
오늘날 미국처럼 전 세계에서 가장 잘 사는
나라가 된다 그러더라구요

그것도 그거구요
과학 기술이 엄청 발전되어서
늙은 사람도 젊어가고
젊은 사람도 더 젊어지는
의학 기술이 새로 개발된다고 그러더라구요

이제 얼마 못 가서 하늘의 신도
아버지 신, 어머니 신, 아들 신, 손주 신들이
태어난다고 해요
도대체 알 수가 없어요

칠순 잔치

2024년 4월 13일 토요일
오늘은 논산에서
八朴인척계 모임이 있는 날이다

길순이 칠순 잔치가 열린다

나는 근무 중이라 참석하지 못하고
아내가 강 서방 차를 타고
외손자 은후와 딸 보라와 함께
아반떼 승용차에 몸을 실었다

낮 온도 영상 24도
화창한 봄날씨다

칠순 잔치에 8남매 형제들의
웃음 잔치가 열린다

행복에 대하여

금년 내 나이 73세
환갑이 지나고 칠순이 지난 나이에도
다들 부러워하는 건강을 지녀서
일할 수 있다는 게
그 얼마나 고맙고 감사한 일인가

이 나이에 돈을 벌면 얼마나 벌겠냐마는
그래도 직장이 있다는 게
돈 벌어서 좋고
건강을 지켜서 좋으니
우울증이란 근처에도 못 오지

지난 젊은 시절이야
잘 살아왔던 못 살아왔던
지난 날은 지난 날이고
지금 살아가는 이 순간을
친손녀, 외손자 자라나는 모습 바라보며
손자들에게 지폐 몇 장 손에 쥐어주며
과자 사 먹어라
자랑스런 할아버지로 살고 있으니
세상에 나보다 행복한 사람 있으면 나와보라고 해

목구멍이 포도청이라

먹고 살아가기 위해
조상 대대로 태어나고 자랐던
고향을 떠나왔다

목구멍이 포도청이라
고향에선
내 앞날을 보장해줄 순 없었다

뼈 빠지게 외쳐 봐야
거기서 거기일 뿐
도대체가 미래가 없다

고향 지키고 살아가는 사람들은
마지못해 살아가는 것이지
고향이 좋아서
살아가는 건 아니다

목구멍이 포도청이라
아무 소망일랑 없이
그저 하루하루 살아가는
고향 지켜가는 마음 하나로

이삿짐 이야기

2024년 6월 6일 수요일 오후 3시 4분
A조 반장 전화가 왔다 내용은 이렇다
704동에 이삿짐 2ton 차 1대가
승강기 앞에 서 있다는 것이다
승강기를 사용하려면
관리사무소에 신고하라는 것이다
곧장 가서 이삿짐 주인에게 자초지종을 얘기했더니
이삿짐 주인이 관리사무소에 가서 물어본 결과
승강기를 사용하려면 47만 원을 사용료로
관리사무소에 내란다
사다리차를 부르면 비쌀 것 같아
공짜로 승강기를 사용한다는 것이
잔머리 쓰다가 당한 꼴이다
사다리차 이용이 10만 원이란다

관리사무소 소장에게 사실을 고했다
결국 이사 오니까
오전 8시까지 주차해놓을 차들은
자리를 비켜주라는 표시 위에
사다리차가 들어왔다

2부
공수래공수거

고향(故鄕)

내 나이 20대 시절
군에 갈 때까지
내 고향은 바닷가였다

여름이면
밀물 때면 바닷물에 뛰어들어 낭만을 즐기고
썰물 때면
갯벌 위의 짱뚱어, 망둥어, 칠게, 농게, 맛소라,
바지락을 사냥했다

그런 바다가
군에서 제대한 몇 년 후
바다를 막아
여자만이 사라진 자리에
간척지가 들어섰다

낭만이 사라져버린 大地 위에
農夫의 땀으로 하루하루를 보내는
들판으로 변한 것이다

여자는 남자보다 강하다

여자는 남자보다 더 강합니다
비록 남자보다 약하게 태어났지만

남자보다 약한 몸으로
타고난 강한 정신으로
가정을 가꾸고 살아갑니다

여자는 남자보다
배고픔을 더 참는
눈물의 빵을 먹었던 세월이 있습니다

그런 정신으로
아들딸 잘 되기를 바라는 여자들은
이 세상 아버지보다 더 강한
울어머니
울어머니의 울어머니
울어머니의 울어머니의 울어머니이십니다

문학의 힘

그렇습니다
당신처럼
시를 쓰는 사람이 있기에

사람들은 이 밤에
저들의 피곤한 육신을
꿈나라에서 보냅니다

그렇습니다
당신처럼
수필을 쓰고 소설을 쓰는
사람들이 있기에
아침 해는 하루를 시작하며
내일의 약속을 바라보며
황혼이 온다는 사실을 아시나요

그렇습니다
이 세상엔
악한 사람보다 착한 사람들이 더 많다는 건
자연과 인간과 조물주를 사랑하는
예술인들의 정신이 있기 때문입니다

휴대폰

2022년 휴대폰이 줄서기를 하고 있다
남편 챙기질 않아도
아내 곁에 없어도
자식들 걱정 많아도

현대인의 손엔
남편보다 아내보다 자식보다
소중한 휴대폰이 있다

현대인의 휴대폰은
남편보다 아내보다 자식보다
더 소중한 것이 되어 버렸다

현대인이 길을 걸어가도
밥을 먹을 때에도 일을 할 때에도
휴대폰은 항상 따라다닌다

태양 빛에 걸어가는 사람에게
따라다니는 그림자처럼

살아있다는 것

살아있다는 것이
그 얼마나 아름다운 것인가

살아있기에
눈이 내리는 길을
사랑하는 사람들 걸어가고

살아있기에
비 내리는 길을
우산 속에서
서로가 연인이로구나

살아있다는 것이
그 얼마나 강한 것인가

세상을 떠난
그 어떤 죽음도
살아있음을 빼앗아갈 수 없으리니

살아있다는 것
과거와 현재와 미래를 함께하는
역사가 아닌가

살아있기에
당신의 눈에서 귀에서 입술에서
세상의 아름다운 물상들을 보고 듣고
말하고 살아가지 않는가를

노동산

내가 태어나 자란
고향 마을 뒤에 있는
노동산이
어렸을 땐
그처럼이나 높게 보였다

마흔세 살에
고향을 떠나와
이곳 안산에서 살아온 지 28년째

얼마 전에 고향에 갔더니
지금 내가 살고 있는 성포동 노적봉 산보다
노동산이 더 작구나
어려선 그렇게도
크게 보이던 산이

그래도 노동산은 명산이더라
산 정상에 올라가면
빙 둘러서 마라톤 코스가 있고
동강면이 한눈에 바라보이니

그래서 송재섭 면장님이
노동산을 동강면 공원으로
조성했는가 보다

아버지 · 1

남자는
여자보다 강하다

여자보다 강한 남자는
아들보다 아버지가 강하다

아들보다 강한 아버지는
아내보다 강한 남편이다

아내보다 강한 남편은
가정을 지키는 수호신이다

수호신이기에
보는 대로 말하거나
생각한 대로 행동해서도 안 된다

수호신이기에
가족들이 보는 앞에서
화를 내거나 눈물을 흘려서도 안 된다

남자 중에서 강한 아버지는
이 세상 그 어떤 남자보다
한 가족의 소설을 연출하고 각색하는
영화감독이다

아버지라는 그 이름이
그 얼마나 어렵더란 말이더냐

아버지 · 2

당신의 소원이 무엇이냐고 묻는다면
난 두말없이 대답할 거요
아버지라고

당신의 소원이 무엇이냐고
또다시 묻는다면
나는 또 한 번 대답할 거요
아버지가 되는 것이라고

당신의 소원이 정말 무엇이 되고 싶냐고 물으신다면
나는 정색하며 말할 거요
아버지, 아버지, 아버지가 내 꿈이라고

자식들을 지키는 아버지
아내를 지키는 아버지
한 가족을 지키는 아버지가 되길 원하노라고

아버지는 말이 없다
슬퍼도 슬프다고 표현을 못하고
기뻐도 기쁘다고 웃을 줄 모른다

그저 바람 부는 대로
구름 가는 대로
세월을 따라 살아가면서
한 가족을 지켜갈 뿐이다

아버지의 삶

내게 직장이 있다는 건
곧 내일의 휴식이요
축복받은 역사이다

남들은 틈만 나면 구경 다니고
맛있는 음식 먹고
좋은 옷 입고 살아도
내가 저들이 조금도 부럽지 않는 건
내겐 일할 수 있는
직장이 있다는 게 너무 좋아라

일하지 않는 자 먹지도 말라고 했다
아내를 위해 자식을 위해
땀 흘리며 사는 자
그가 남자라 했다
남자 중의 남자 아버지라 했다
한 여자의 남편이라 했다

그런 남편 때문에
그런 아버지 때문에

여행 다니는 아내가 있다면
공부하는데 즐거움을 가지는 자식들이 있다면
그는
이 세상 그 어떤 남자보다 강한
한 여자의 남편이요
자식들의 아버지라 했다

내 나이 일흔한 살에

내 나이 일흔한 살에
시와 결혼을 했소이다

시는 내 아내가 되어
천체만물의 운행되는 조화를
내게 선물하고
나는 그 맛에 시를 보듬고
낮이고 밤이고
이젠 시가 없인
단 하루도 살아갈 수가 없소이다

딴은, 일흔한 살 나이에
남들이 말을 하지요
늙어가도 곱게 늙어간다고

그렇습니다
남자의 나이는
육신의 나이에 있지 않고
생각하는 나이에 있다고 했습니다

내 나이 일흔한 살에
내겐 아무런 자랑할 것이 없지만
내 영적인 아내 시와 결혼해서
이 세상 끝나는 그 날까지
살아갈 수만 있다면
이 세상 그 어떤 것도
바랄 것이 없습니다

시인에 대하여

요새 잘 나간다는 남들이 자랑하는
그 좋은 대학에도 가보지 못했지만
대학을 나온 그들이 부럽지 않은 것은
나는 글을 쓰는 시인이라는 것이요

학력으로 시를 쓸 수는 없소
박사 학위를 몇 개씩 가지고 있어도
판사, 검사, 변호사
나는 새도 잡는다는
이름 있는 사람도
시인이 될 수 없다오

시인은 사람을 만드신 조물주의 소리를 들어야 하오

시인은
서로 살아가기 위해
생존경쟁에서 나온
삶의 몸부림을 체험해야 하오

이 세상 사람들을 가르치는
윤리와 도덕이
저들의 명성을 알린다 해도
저들이 시인의 이미지에 근접할 수 없다면
그들은 헛된 사상과 이념에 불과하오

어떻게 하면 이 세상에
소금과 빛의 사명을 다할 수가 있을까
바로 그게 시인의 사명이오

내가 쓴 시가
내가 죽은 후에 역사가 기록하기를
천 년에 한 번 나올까 말까 한
대단한 시인이다
그런 생각으로 시를 쓴다면
그리고 그의 시와 그의 삶이
동행할 수만 있다면
그의 시는 세상이 없어질 때까지
우리 모두의 가슴에 남을 거요

소망

내 나이 금년 71세이다
차로 말하면 주행 속도 71km로
세상을 살아간다는 것이다
시내에서는 과속이요
고속도로에선 저속으로 속도 위반이다
아직 내 나이는
100km로 주행하는
고속도로 나이가 아니다
이왕에 사는 것
100km 속도로 주행하는
100세까지 살고 싶다

내가 100세까지 살 수만 있다면
71세 내 나이는
아직은 어린 나이다
앞으로 남은 30년은
그야말로 詩作 활동의
전성기가 될 것이다

저 하늘 그분께서
내 이름을 세상 사람들의 입술에서 오르내리는
시인 박춘수로 만들어 주시려면
100세 살기는 식은 죽 먹기가 될 것이다

그렇다 그놈의 박 씨 가문에
독버섯처럼 자리 잡았던 암 때문에
60 고개를 넘기지 못한 할아버지, 큰아버지, 아버지, 형님과 달리
내 나이 56세에 위암 초기 발견으로
치료 받고 술과 담배 금한 지
10년이 넘어섰다
이제 앞으로 남은 세월 몸에 좋은 음식 먹고
적게 먹고 운동 열심히 한다면
나 박춘수가 100세까지 살지 말란 법은 없다
그렇다 오기가 났다
까짓거 한 번 해보자
시인 박춘수 100세 시집 부지기수로 출간하다
모 잡지사 문학상 수상하다
오, 박춘수여 영원할지어다

모두가 죽었다

박대원 할아버지, 박채선 큰아버지
박채석 아버지, 박동환 형님
박점순 큰 누님, 홍정순 어머니
홍정석 외숙님, 박찰순 큰고모
박귀순 작은 고모, 박옥순 막내고모
박채문 윤동당숙, 박채경 안동당숙
박채국 강동당숙, 박채열 은동당숙
김판동 씨, 박판재 씨
김옥동 씨, 조명욱 씨, 서민호 씨
신형식 씨, 김일 씨, 유제두 씨

고인이 되신 분들이다
우리 아버지와 어머니
우리 일가친척
내가 태어난 고향 사람들이다

모두가 죽었다
이 세상 사람들이 아니다

나도 언젠간 그들처럼 죽을 것이다
그들처럼 이름을 남길 것이다

농부로 살다가 교사로 살다가
마을 유지로 살다가, 국회의원, 프로레슬링
복싱 선수로 살다가
그렇게 이 세상에서
사라져갈 것이다

아니다 나는 시인이니
저분들의 이름을 모두 내 시 속에 넣는다면
저 하늘로 올라가 영원히 반짝반짝 빛날 것이다

은혜(恩惠)

좋더라
이 세상이 좋더라

어려선 코흘리개
딱지놀이, 제기차기, 팽이놀이, 썰매놀이가 좋더라

좋더라
학창시절 땐 선생님이 좋더라
나를 사람으로 키우시기 위해
애쓰시는 선생님이 좋더라

홍재익 선생님, 심명숙 선생님, 허낙만 선생님
나를 지켜주신 선생님들이 좋더라

좋더라
군대 시절이 좋더라
강원도 삼척 맹방해변에서
문학의 동호인으로 함께하던 홍현숙 아가씨
윤황삼 분초장님이 좋더라

좋더라
나이 43세에 고향 전라도에서
이곳 경기도 땅에 이사 와
반월공단, 시화공단 산업현장에서
돈이라는 것이 무엇인지 알게 해준
건설현장의 망치 소리가 좋더라

좋더라
나이 71세에도 건강 주셔서
아파트 경비원 일자리를 주신
저 하늘 그분의 은혜에 마냥 좋더라

세상 만드시고
보기에 좋았더라 하신 그분께서
당신이 만드신 세상에
나를 만드신 그분의 은혜가
너무 고맙고 감사해서
마냥 좋더라

안동당숙 박채순 씨

여보세요
당신 나이 70이 되어도
마음은 이팔청춘이라

해마다 음력 정월 보름날
동네 풍악놀이가 열리던 날
어디서 그런 힘이 나는지
얼씨구 절씨구 지화자 좋구나
우리 안동당숙 박채순 씨가
최고랑께

노는 것은 그렇다 치고
일하는 건 또 어떠냐

내 친구 박수환 씨 집 공사할 때
모래에 시멘트 넣어 물 붓고 삽으로 작업할 때
이삼십 대 젊은 놈들
70 먹은 늙은이 따라오질 못하는구나

그 모습을 본 안동당숙 왈
아이, 느그들 밥 묵었나
한참 때 왜 그러코롬 힘을 못 쓴다냐

젊어서는 몸이 약해
약 봉지를 들고 사셨다는데
나이 들어 갈수록 젊어지는 건 또 무슨 법이더냐

안동당숙 박채순 씨
치매 한 번 안 걸리고 중풍 한 번 안 걸리고
노환으로 97세에 저 세상에 가셨다

허, 참
3년만 더 살았으면
100세를 채우실텐데

이명 현상

지금
내 귓속에선
매미의 마을이 자리 잡고 있소

큰 매미 작은 매미
아예 잔치를 하고 있소

지금 내 귓속에선
매미의 풍악소리가
1년 365일 동안
마냥 무더운 여름철일 수밖에 없소

그런 매미들은
수화기를 들 때마다
볼륨을 높일 때면 사라져가고 있소

내 전화를 받는 상대방은
왜 전화 목소리가 윙윙거리냐고
짜증을 내야 하는 실수를 범하게 되고

공수래공수거

나는 생각한다
그러므로 나는 존재한다
그렇다 생각하는 파스칼이 되자 로뎅이 되자

어차피 인생은 공수래공수거라

이 세상 그 많은 재물, 권세, 지식
저세상에 갈 때
단 하나도 가져갈 수 없는 것을

앞서 저세상에 가신
울 아버지, 울 어머니가
생전에 애지중지하시던
세상의 것들 단 하나도 가져가더냐

빈손으로 이 세상에 태어난 것처럼
빈손으로 저세상에 가는 것은
바로 그것이 인생인 것을

살기 좋은 고장 안산

지금 내가 근무하는
월피동 주공 3단지 정문 초소 앞엔
광덕산 어깨가
안산을 감싸고 있다

월피동을 지나 양상동 너머 수암동엔
수암산이 안산을 지키고 있다

월피동 근처 성포동과 고잔동엔
광덕산 어깨의 포옹 속에서
시민들은 안산천 잉어 구경하기에
시간 가는 줄 모른다

오매
한 마리 잡으면 잔치하겠네
고기는 준비되었고
밥과 양념만 있으면 되겠네

뭔 소리를 하고 있어
잉어가 들으면 기가 막히겠네

잉어가 있기에
모기 유충도 없는 게 아니여
잉어떼들 덕분에
지금 안산천엔
청둥오리, 왜가리떼, 가마우지들이 함께 하는
철새들의 낙원으로 자리 잡고 있다

반월 공단에선
주야로 건설의 망치 소리 울려 퍼지고
각 동마다 크고 작은 공원들이
시민들의 건강을 지키고 있으니
전국 어느 도시 못지 않게
사람 살기 좋은 전원도시 안산이라

그 누가 말했던가
사람 살기 좋은 고장
안산이라고

코로나19 바이러스

마스크를 끼고 살아가는
너와 나의 모습들이
어쩜 그리도 꼴불견일까
정녕 이 모습은 아니로구나
왜 무엇 때문에 몸에 달고 다니는
코와 입을 막고 살아야 하나

코와 입이 당신에게
날이면 날마다
그 어떤 원망으로 恨을 품어도

어찌 할 거냐

살아야 한다는 것은
그 어떤 죽음보다 강한가 보다

너와 나의 모습이
꼭 누구에게나
결박당한 듯이 살아간다 해도

정월대보름 날

그랬다
해마다 구정 명절이 지나고
정월대보름 날이 오면
온 동네는
축제 분위기에 젖어있었다

내가 태어난 고향도 어김없었다
1960년대까지만 해도
정월대보름 날이면
온 마을 남정네들 다 모여
농악놀이 잔치를 하는구나

거시기 삼촌 아재 할 것 없이
너도 한 잔 나도 한 잔
농주로 하루를 시작하며
농악놀이를 하는구나

꽹과리 북 장고 징 소리 앞세우고
상쇠의 지시에 따라
풍물놀이가 펼쳐지는구나

먼저
마을 이장댁에서 시작된 농악놀이는
주문해온 차례대로
가가호호를 찾아가는구나

거시기 집에 이르렀다
상쇠 어르신 목청을 가다듬는구나
꽹과리 머리 위에 높이 치켜들고
자, 오늘은 거시기 집에서 한번
놀아봅시다

마당을 한 바퀴 돈 후에
그 집 부엌에 들어가
농주 한 사발
이곳저곳에 부으며
못된 잡귀는 금년 한 해에
이 집에는 얼씬도 말고
좋은 일만 가득하시길 비나이다
축원 소원하신 후에
농주 한 사발 벌컥벌컥 마시는구나

이윽고
거시기 집 마당에 다시 나온
농악대원들
상쇠 어르신의 꽹과리에 맞춰
신나는 농악놀이가 연출되는구나

얼씨구 어절씨구
쾌지나 칭칭나네
어절씨구 저절씨구
쾌지나 칭칭나네

구경나온 거시기 다섯 살 된
손주 놈 좀 보소
누런 콧물이 석 자나 나오도록
입을 하늘만큼 벌린 채
농악놀이에 뿅 하고 빠져버리는구나

거시기 아줌마 좀 보소
흥에 겨워 신발 벗어진 줄도 모르는구나

3부
아파트 경비원

큰 소리

내 나이 64세에
문단에 등단하여 시인이 되고
지금 내 나이 73세에
아파트 경비원 생활을 하고
아들 녀석 장인 어르신 잘 만나
장인 어르신의 사업체에서 근무하고
사랑하는 딸 도서관 사서로
이름을 남기고 있으며
천사 같은 내 아내
비가 오나 눈이 오나 주님 성전에서
가정의 화목 위해 기도하는 삶
살아가고 있으니

세상에 나보다 더 복 많은 사람 있으면
나와 보라 그래
큰 소리 한 번 칠만 하다

정년퇴직

너 늙어봤니
나는 젊어봤단다

내 나이가 어때서
70, 80, 90, 100이란
하나의 숫자일 뿐
마음이 나이일 터

아직 일할 나이인데
어디 가서 밥 먹고 살아가라고
내 나이 멀쩡한데
어서 죽으라는 거여 뭐여?
한창 일할 70 나이에
정년퇴직이라니

9988234

늙었다는 건
젊어봤다는 얘기다

늙어도 곱게 늙으려면
일하라

일을 해도
돈 벌기 위해 일하지 말고
건강을 위해 일하라

나이 들어
직장 있다는 게
그 얼마나 幸福인가

나이 70을 넘어서도
80을 넘어서도
일할 수 있다는 게
그 얼마나 복받을 일인가

이리하여
9988234라는 말이 진리다

아파트 경비원

나이 들어
할 수 있는 직장은
아파트 경비원이요

아파트 경비원도 못하겠다면
일이 힘들어 못한다는 건
말짱 거짓말일테고
사람과의 대인관계에
문제가 있을 터이니
이 세상 어느 직장에나
대인관계는 있는 법
나이 60, 70에
대인관계 때문에 문제라면
그런 사람 살아온 세월
헛 살아온 것 아니오 묻고 싶소

돈

새벽 1시 20분
야밤중 늦은 시간에
아파트 정문 초소 앞에
주민이 탄 승용차 한 대가 들어선다
차단기가 올라간다

새벽 2시
쿠팡 차 한 대가
배달을 마치고
정문 초소를 향해 진행하자
차단기가 길을 비켜준다

야밤중 늦은 시간에
주민의 차는 밤늦게까지 일하고
회사에서 퇴근하고
쿠팡 차는 야간 시간에 출근하는 차들이다

한 사람은 돈 벌어오고
다른 사람은 돈 버는 중이다

저녁 준비

오후 6시
하루를 사냥한 시민들이 돌아왔다

아파트 외곽 도로엔
줄 서기로 주차장이 생겼다

저녁 준비하기 위해
아줌마, 사모님, 마누라, 여자들의 세상이다
걸어가는 게 아니라 뛰어가는 게 맞겠다

종종걸음 치다가 뛰어가다가

오늘 저녁 메뉴는 무엇으로 할까
마트에 진열된 반찬거리에
눈빛은 카메라로 변한다

우리 서방 좋아하는
돼지삼겹살에다가 광어회 한 접시 사가야지
카운터로 나온 거시기 각시는
도마 위에 마늘, 고추장 양념장 만드느라
오늘 저녁 싱크대 앞엔
먼지가 앉을 틈이 없다

사람이 된 시인

아침이나 저녁이나
내가 저 하늘 그분께 감사드리는 것은
내 나이 일흔한 살이지만
이런 나이에도
치매 걸리지 않고 중풍 걸리지 않고
20살 젊은이들 보란 듯이
건강한 몸으로
아파트 경비원 일자리에 있는 것이다
저 하늘 그분께
항상 감사드리는 마음으로 산다는 것이
어찌 그리도 고맙고 감사한지

내 마음엔 별이 되어 해가 되어
시를 쓰고 사람이 되어가는 이는
곧 시인이어야 하며
시인은 곧 사람이어야 한다는
진리 앞에
오늘도 그분께 항상 감사드리며 산다니까요

거울 안 봐도 미인이십니다

초복을 며칠 앞둔
오후 3시 30분쯤
710동 아파트 승강기를 타고
내려오는 중이다
5층에서 승강기의 문이 열리더니
음식물 쓰레기를 비닐봉지에 든 할머니가
승강기에 탔다
거울을 한참동안 쳐다본다
이를 지켜보던 경비원이
"거울 안 봐도 美人이십니다
거울은 못생긴 사람들이 보라고 나온 겁니다"
경비원의 말을 들은 70대쯤 돼 보이는
젊은 할머니가 배꼽이 빠져라 웃는다
하하하 하다가 호호호호 하다가
허리를 잡고 자지러지게 웃다가

홍희 통닭집

저녁 6시 20분
정문 초소 앞 홍희 통닭집 전등이 켜졌다
양념치킨, 프라이드치킨이
내 눈을 유혹한다

네가 내 눈을 유혹한 지도 벌써 반년째
어디 내가 너의 유혹에 넘어가나 봐라

통닭집의 유혹은
지나가는 도시를 설레게 한다

오늘 저녁엔 통닭집에 가서
시원한 맥주로 스트레스를 풀어볼까
내 생각이야 어떻든
저들은 젊은 여자, 남자부터
한 사람, 두 사람씩
치킨 맛에 미련을 달랜다

허, 참

오늘은 토요일입니다
아파트 외곽 도로변엔
제법 많은 차들이
주차를 하고 있습니다

5일 근무제가 활성화되면서
여기저기 회사들이
닮아가나 봅니다

언제부터 이 나라가
이렇게도 잘 살게 되었는지
1주일에 이틀 쉬면
땅속에서 쌀이 나오나 돈이 나오나
그저 노는 맛에 산다니까요 글쎄

요새는 유행어로
4일 근무제 시대가 온다나 뭐라나

허, 참

오후 4시

오후 4시
정문 초소 앞 아스팔트 도로 위에
자전거 한 대가 오고 있다
박스 몇 장과
플라스틱 서랍장을 싣고서

참 돈 벌기 힘들다

자전거에 실은 물건
고물상에서 몇 푼이나 받을까

과자 값이나 나올까
음료수 값이나 나올까
한 끼 밥값도 못 되는 하루를 싣고 오는
70대 정도 보이는
한 시민의 모습에서

산다는 게 무엇인지

야간 순찰

카운트다운 8분 전
밤 11시 52분
야간 순찰 준비 중이다

냉장고에서
냉수 한 잔을 꺼내
목을 적신다

손전등과 코파스 전자칩을
준비해 놓는다

경비 복장을 단정히 하고
모자를 쓴다

카운트다운 5분 전
순찰 구역을 바라본다
순찰시간 0시가 다가온다

모두가 잠이 들었다

자정이 지나고 0시 40분

가끔 내게 동영상을 카톡으로 보내주던
B조 경비원 이건종 형님도 잠이 들었다

개구쟁이 친구 봉희도 잠이 들었다

무사히 하루 근무 잘하기를 비는
아내도 잠이 들었다

할아버지만 보면 좋아서 어쩔 줄 모르는
손주들도 잠이 들었다

모두가 잠이 들었다

이 밤이 지나고 아침이 오면
저들은 또 일상생활의 일기를 쓸 것이다

TV 1대

내가 근무하는 월피동 주공 3단지 정문 앞
한양아파트 3층 거시기 집엔
밤마다 TV가 집을 지키고 있다

자정이 지나도
새벽이 되어도
아침 7시가 되어도
TV의 불빛은 꺼지지 않는다

단 하루도 빠지지 않고
유독 그 집 한 채만이
밤마다 TV화면이 그 집을 지키고 있다

혹시 영화 감독인가
영화에 반해버린 영화 중독자인가

주변 사람들의 생각이야 어떻든
TV는 밤마다
그 집을 지키고 있다

거짓말도 통할 때가 있는 세상이다

지금 시각 새벽 1시 5분
정문 초소 앞 주차금지 구역에
까만 승용차 한 대가
비상점멸등을 켠 채 깜빡거린다
주차해 놓은 지 2시간이 넘었다
한양아파트 정문 입구 주차금지 구역이다

밖으로 나갔다
운전석 유리창을 두드리자
운전석엔 젊은이가 있고
애인인 양 곁에 아가씨가 앉아있다
여기 주차금지 구역인데
두 시간 동안이나 주차해 있어요
지금 한양아파트에서 경비가 전화왔어요
빨리 차 빼라구요

그러자 아, 알겠습니다
차가 떠났다

거짓말도 통할 때가 있는 세상이다

웃어보세요

하하하하 해보세요
웃는 얼굴에 침 못 뱉어요

호호호호 해보세요
우울한 기분이 금방 풀리거든요

으하하하하
어허허허허허
으히히히히히히
웃어보세요

내 나이가 어때서…
금방 젊어진 것 같잖아요

청소하는 날

오후 3시
아파트 담당구역 청소에 나섰다

관리사무소 경리 주임에게
오늘 게시물이 없느냐고 묻자
내일 대선 홍보물이 몇 장 나왔으니
외곽 게시판에 붙이란다

사무실에 나온 김에
방문증도 몇십 장 복사해갔다

오후 3시 30분
관리소에서 나오는 나를
후문 초소에서 나온 고 반장이 부른다

관리사무소 2층 노인정 앞쪽에 있는
에어로빅 댄스장을 코로나 때문에 폐쇄했다
단계적 일상 회복이 정부에서 보도된 이후로
마스크를 착용하면
댄스장을 열게 된단다

기전실 직원들이 장판을 깔고
현관 입구에 대행 커튼을 치고
오디오를 준비했다

고 반장과 나는 걸레질을 했다

먼지가 쌓인 댄스장에
손님만 입장하면 된다

아파트 경비원 · 2

사람팔자 시간 문제라더니
그 말이 어찌 그리도 명언이 될 줄이야

3년 전
내 나이 70세 때까지도
막노동 산업 현장에서
귀가 찢어질 듯 들려오는
기계 소음과 먼지와
유독물이 함께하는 공장에서
살아온 내가
그 후 3년
아파트 경비원 생활을 하고 있다

3년 전
내가 일하던 건축자재 도금 현장은
아침에 출근해서
무사히 저녁에 퇴근하면
온 식구가 마음을 놓을 정도로
위험한 산업현장이었다

그런 내가
산업현장 막노동 일과는 비교도 되지 않는
아파트 경비원 직장은
73세 나이에 딱 안성맞춤인 직장이다

73세 나이에도 힘들다면
더 늦기 전에 내 몸이 들어가는
목관(木棺)이 자리할 묏자리를 팔 수밖에 없다

박 반장

저녁 10시경 경비 휴게실에서
수면을 취하고 있는데
누군가 들어왔다 기전실 박 반장이다

웬일이세요? 내가 묻자
여기서 자야겠어요
그러자 내가
그래요 널찍하니까 여기서 자요
밖으로 내가 나가려 하자
왜 일어나세요 더 주무시지 않고
박 반장이 의아해한다

예, 다 잤습니다
저는 원래 잠이 없어서 그럽니다

올해 53세 자식 세 명 중
2명은 대학생 막내는 중학생

부부가 맞벌이한단다
맞벌이하지 않으면
자녀 교육은 진짜 어렵기 때문이다

4부
염색하는 아내

아내여, 나의 아내여

여자여
사랑이여
나의 아내여

평생동안 남편 위해 살아온 당신
곱디 고운 얼굴에
검은 머리 파뿌리가 되었구려

날 위해 살아온 세월
파뿌리면 어떻소
잔주름이면 어떻소

못난 남편 위해 살아온 당신
하늘나라 천사는 알리다
이 세상 모든 사람 알리다

못난 남편 위해 살아온 당신
파뿌리가
지금까지 살아온 세월이 남기고 간
인생 계급장이라고

그녀의 기도

그녀의 기도는
그녀의 삶이었다

그녀의 기도는
어려운 이웃과 함께하는
자원봉사자의 믿음이었다

그녀의 기도는
나의 욕심을 버리고
남을 위해 자신을 희생하는
천사의 믿음이었다

그런 여자가
당신의 아내라면
당신은 이 세상에서
가장 행복한 사람이다

미심(美心)

감사함으로 세상을 바라보면
당신의 아내가 남편이 자식이
그처럼이나 사랑스러울 수가 없다

감사함으로 세상을 대하면
당신의 부모가 형제가 이웃이
그처럼이나 고귀할 수가 없다

감사함으로 오늘을 살아가면
길을 걷다 넘어져도
넘어져도 크게 다치지 않아서
감사함이 절로 나온다

감사함으로 내일을 사노라면
오늘을 살아온 게 기적이라는 것에
고맙고 감사할 따름이다

염색하는 아내

여보 흰 머리는 서러운 거야
늙었다는 게지
늙었다는 건
세상 살 날이
얼마 남지 않았다는 거야

나이 들어간 것도 서러운데
머리까지 희어지면
더욱 더 초라해보여

하여
흰 머리 감추고
검은 머리로 포장을 했지

여보
젊은 시절로 돌아가는 건
행복한 거지

우리 젊어지기 위해
흰 머리를 염색한 것처럼
마음 또한 젊어져 보자구

전화

오후 5시 15분
학교 도서관 사서로 있는
딸 보라가 퇴근할 시간이다

아내에게 전화를 걸었다
은후 왔는가?
왔다고 한다
은후를 바꿔달라고 하니
은후가 할아버지 왜? 묻는다

은후냐?
엄마는 회식 갔으니까
할머니하고 저녁밥 맛있게 먹어라
충성! 하자
외손자도 충성! 따라서 한다

6살 외손자와
73살 외할아버지와 전화놀이가
재밌다 겁나게 재밌다

사랑아

사랑아 어디 갔다 인제 오니
너 보고 싶어 환장하겠더라

사랑아 다신 가지 마라
네가 떠나면 나도 죽을 것만 같구나

사랑아 곁에 있어도
또 보고 싶은 나의 사랑아

우리 서로 이 세상 끝날 그날까지
검은 머리 파뿌리가 될 때까지
사랑 사랑 보듬고 **뽀뽀**하고
너와 나 없인
보고 싶어 못 사는
그렇게 살아가자꾸나
오, 내 사랑아

카톡

여섯 살 된 외손자가
개다리춤을 춘다

이를 지켜보던
73세 된 외할아버지가
따라서 한다

두 사람의 춤을
40세 된 딸이 카메라에 담는다

동영상을
68세 된 사돈에게 카톡으로 보낸다

68세 된 사돈 장로님이
답글을 보내왔다

할아버지의 춤 실력을 전수받네요

카톡을 주고받는 모습에서
웃음이 함께한다
바라보는 눈들이 즐거워진다

아내

이 세상 살아가면서
사랑하는 아내가 있다는 것
그 얼마나 복 받은 것이더냐

마음씨야 좋던 궂던
얼굴이야 잘 생겼던지 못 생겼던지
하루에도 바가지를 몇 번씩이나 긁어도

아내가 있다는 건
그 얼마나 행복한 일이더냐

아내는 남편보다 강하다
아내는 자식들에게 찰밥을 주면서도
부엌에선 누룽지에도 만족할 줄 아는
이 세상 여자보다 강하다

아내는 말 듣지 않는 자식들에게
회초리를 들면서도
돌아서서 혼자 서럽게 우는
우리 모두의 어머니다

아내에게 바치는 글 · 1

여보 당신 사랑해요
당신 내 곁에 있어도 이뻐 죽겠는데
당신 없는 날이면
세상 사는 맛이 안 난다오

물론 세상에는 당신보다
더 이쁜 얼굴을 가진 사람도 많소
허나, 그들의 겉모습은 가면이요
비록 그들보다 못생긴 당신이지만
당신처럼 고운 마음씨를 가진 여자는
이 세상엔 없소

여보 당신 사랑해요
겉모습의 얼굴보다 더 고운 마음씨를 가진 당신

당신이 내 여자여서 너무도 고맙소
당신이 있기에 내가 있소

여보 당신 사랑해요

유제(有題) · 2

고향 떠나온 지 30년
검은 머리가 파뿌리가 다 되었다
그동안 형님도 어머니도
저세상에 이사를 갔다

아들, 딸 초등학교 때 이곳에 이사 와서
대학 졸업하고 결혼해서
친손녀, 외손자 바라보고 살아가는
할아버지, 할머니가 되었다

흐르는 세월 붙잡을 수 없지만
이제 남은 건 아내와 나 우리 두 사람
끈끈한 정으로 남은 여생을 살아가는 것뿐이다

여보 사랑해요
지금까지 살아오면서
늙으신 어머니 모시고
자식들 대학까지 가르치고
그동안 고생했으니
이제는 서로가 서로를 위하는 마음으로
살아갑시다

보라네

보라네가
2월 초에
우리 집 라인쪽 11층으로
이사를 왔다

5층 저층 아파트
현대아파트 4층에서
승강기도 없이
5년 동안 고생하며 살아오다가

네 살된 은후도 어린이집 가기에 쉬운
승강기를 타고 오르내리는
우리 집 라인쪽으로 왔다

보라가 이사 온 기념으로
빨래를 넣으면 건조되어서 나오는
세탁기에 보태라고 아내가 200만 원을
광주 처제가 40만 원을 합해서
240만 원짜리 세탁기를
다용도실에 놓았구나

시집 간 보라네가
우리 집 라인쪽에 살고 있으니
아들 노릇 단단히 하고 있는 셈이다

나의 아내

그 여자는
달면 삼키고 쓰면 뱉는
그런 사람이 아니었다

하나님을 믿는 그녀는
여호와 하나님 아버지로 섬겼다

그녀는
그녀의 친정 父母나 兄弟들이나
시댁 식구들이나
그녀를 아는 모든 사람들을
여호와 하나님처럼 섬기며 살아왔다

그녀는
한 가정의 아내이기 전에 어머니였고
어머니이기 전에 천사였다

지금은 그녀의 곱디고운 얼굴에
잔주름이 생겨나고 검은 머리가 파뿌리가 되었지만
틈만 나면 성경책과 기도로 살아가는

하늘나라에서 이 땅에 내려온 천사였다
천사로 이 땅에서 살아온
둘도 없는 내 아내다

아내에게 바치는 글 · 2

여보, 사랑해요
당신만 오면 이 세상 일들로 짜증이 나다가도
언제 그랬냐는 듯이
두 어깨에 힘이 나는 것 있죠
아주 그냥 세상 살 맛이 난다니까요 글쎄

여보, 당신 때문에
지금까지 검은 머리가 파뿌리가 될 때까지
내 인생을 지켜옴을
너무너무 고맙고 감사해요

부족한 날 위해
당신의 모든 걸 희생해 온 당신
내게 향한 당신의 사랑은
하늘이 알고 땅이 아는 것을
당신은 아시나요

여보, 사랑해요
우리 두 사람 전생에 부부였나봅니다
내 나이 늙어갈수록

당신이 좋아서 너무 좋아서
미치고 환장하겠어요 여보

육신의 나이는 늙어가도
사랑의 열기는 용광로 되어가는 것 있죠
당신 나이 올해 66세이나
내 당신 할머니로 보지 않소이다
스무 살 숫처녀보다 더 고운
당신은 내 하나밖에 없는
당신 없인 단 하루도 살아갈 수 없는
당신은 내 천사입니다

여보, 사랑해요
지금 내가 당신을 사랑하는 마음처럼
우리 이런 사랑으로
이 세상 떠나 저세상에서도
영생토록 사랑하며 삽시다
사랑하는 여보

이런 이야기

나이 들면
공기 탁한 도시보다는
시골이 좋단다

산촌, 어촌, 농촌 어느 곳이던지
공기 좋은 곳이 좋단다

나는 반대다

나이 들면
병원이 가까워야 한다

사람이 적게 사는 시골에는
병원이 적다
더군다나 큰 병원은 없다

큰 병이 들어
큰 병원이 없다면
시골은 저승길이나 다름없다

21세기에 와서
도시, 농촌 할 것 없이
공기가 오염되었다
늙어도 돈만 있으면 편하게 사는 곳이
도시다

어떤 부부

그 사람은 여자였다
믿음 하나만을 믿고
목사님의 소개로 결혼을 했다

막상 결혼을 하고 보니
그 남자는 나의 이상형이 아니었다

하루에도 몇 번씩 돌아서고 싶었지만
내가 아니면
누가 저 사람에게 시집올까 하는
측은한 생각에
그 남자와 함께 살아왔다

그 남자는
장점보다는 단점이 많았으나
친정에 갈 때나 남들에게나
입술에선 항상 그 사람의 좋은 점만을 자랑했다

그렇게 그 사람과 살아온 세월이
어느새 검은 머리가 파뿌리가 되었다

세월이 약이었을까
내 남편으로 살아온 그 사람 나이는
70대를 살아가고 있다

지금 그 사람은
옛날의 그 남자가 아니다

어떻게 하면
자기를 위해 살아온 한 여자를 위해
살아갈 수 있을까

그렇게 살아가는
내 자랑스런 남편이요
자식들의 아빠로 살고 있다

죄가 밉지 사람이 밉겠는가
젊었을 때의 그의 나쁜 점이
좋은 점으로 변화 되어가는 순간이다

5부
그분의 마음

기도

마음을 비운 것이 기도라 했다

스데반을 죽인 사울이
다메섹에서 예수를 만난 후로
사도 바울이 되어
기도가 무엇인 줄 알았다

기도를 안 바울이
지난 날 우상처럼 섬겼던
세상 지식, 권세, 재물을
배설물처럼 여겼다
기도의 소중함을 달고 살았다

기도가 낳은 사람들을 보라
아브라함, 모세, 노아, 룻, 욥, 야곱, 요셉
사무엘, 엘리야, 여호수아
그들은 기도로 살고
기도로 이 세상을 떠났던 사람들이다

저 세상에서 영생하는
엄청난 축복의 사람들이다

기도가 되지 않을 때

기도가 되지 않을 때
기도 제목을 바꿔라

나를 위한 기도
내 가족을 위한 기도에서
내 주변의 이웃을 위한 기도를 하라

나보다 잘 살고 똑똑한 사람들은
모두가 원하는 기도다
나보다 못 살고 어리석은 사람은
예수님이 원하는 기도다

예수는 누구신가
내 주변의 어려운 환경에 처해있는
고아, 과부, 불우한 이웃들이
바로 예수요 조물주다

기도가 되지 않을 때
조물주가 원하는 기도를 하라

천국과 지옥

살아있다는 것은
그 어떤 죽음보다 강하다

호랑이는 죽어서
가죽을 남기지만

사람은 죽어서
이름을 남긴다

사람이 죽으면
영은 몸에서 떠나가고
육신은 재가 되어
흙으로 돌아간다

영은 천국과 지옥 두 군데로 간다
천국은 영생하는
천상 천국이요
지옥은 영원히 죽지도 못하고
고통만 당하는 영원한 불못이다

그분의 마음

꽃을 바라볼 때면
당신의 마음이 즐거운 것은
당신의 마음이 꽃이기 때문입니다

봄의 전령사
매화, 산수유가 나타나면
개나리, 진달래, 목련, 벚꽃, 철쭉들이
봄의 大地를 수놓은 건
한 해의 시작 봄날을
꽃처럼 이쁜 마음으로 살아가라는
나를 만드신 조물주의 뜻이랍니다

질그릇처럼 깨어지고 부서지기 쉬운 너와 내가
나를 만드신 그분의 말씀으로 살아간다면
뭐 세상 별 거 있나요
훗날 지나보면
다 그렇고 그런 게지요

시인의 사명주심을 감사

오, 주님 고맙습니다
이렇게 살아서
천지만물(天地萬物)과 대화할 수 있는
시인의 사명을 주셔서
고맙습니다

저는 이 세상 그 어떤 직업도
부럽지 않습니다
그저 시인이라는 직업 하나로
살아갈 수 있다는 것이
어쩜 그리도 좋은지요

시인은 주님께서 이 땅에 주신
특권이니까요

하나님을 사랑하는 자

하나님을 사랑하는 자
합력하여 선을 이룬다 했다

하나님을 사랑하는 자는
곧 하나님께서 그를 사랑하심이라

세상 살아가면서
좀 손해본다 해도
허허 웃으며 살아갈 때

하나님을 사랑하는 자
하나님께선 그에게
서로 합력하여 선을 이루게 하심이라

그대여
하나님을 사랑하는 자는
입술로 사랑함이 아니요
행함으로 사랑함이라

감사하는 마음으로

날이면 날마다 고맙고 감사한 일들 뿐이다

해야 고맙다
날마다 아침을 열어주어 하루를 살게 해주고

밤이면 내일을 위해
쉬라는 시간을 주어서 감사하구나

하늘아 고맙다
낮이면 너가 지켜보는 세상의 일기를 써가고
밤이면 내일의 日記를 위해
쉬어가는 시간을 주어서 고맙다

구름아, 바람아, 별아
감사하고 고맙구나
흐르는 세월 속에서
너희와 함께 살아온 세월
이제 검은 머리 파뿌리 된
영광의 면류관의 삶을 살아가는구나

메시아

지금 이 순간
당신을 닮아가길 원하는 사람들이 있습니다

당신의 말하는 모습을
살아가는 삶의 모든 것을
닮기를 원하는 사람들이 있습니다

그들은 당신의 어느 한 부분만이라도
닮아가길 원해서
앉으나 서나 당신의 이름을 불러봅니다

당신은 이 땅에
사람의 몸으로 오신 조물주이시기에
질그릇처럼 깨어지기 쉬운
저희들의 삶에
우리를 만드신
죽으신 후 사흘 후에 부활하신
살아계신 기묘자 모사 전능하신 분이심을 믿습니다

믿음

믿음은 사랑이더라
나를 만드신 조물주는
사랑 그 자체이더라

원수가 네 뺨을 때리거든
다른 뺨도 내어주라는 그 분께선
사랑의 원자탄이더라

미운 자식 떡 하나 더 줘라
원수를 사랑하라

사랑을 알려거든
먼저 너가 사랑의 본을 보이라

사랑은 입으로 말함이 아니요
行함으로 낳은 것이니라

영생의 삶

수천년 역사는 흘러도
조물주를 본 사람은
지구상에 단 한 사람도 없다

조물주가 이 땅에 보낸 사람이 있다면
육신의 모습으로 온
조물주의 아들 예수이다

예수는 나이 서른 살에
십자가에서 죽었으나
사흘 후 다시 태어난
조물주의 아들이다

이것은 인성이 아닌
신성을 지닌 예수였기에
사람이 할 수 없는 능력을 가진 것이다

이 땅에서 태어난 모든 사람들은
육신의 조상 아담과 하와가 선악과를
따먹은 원죄로 인해 벌을 받아

모두가 죽는다
허나 예수를 믿으면
생명나무 영생의 삶을 살아간다

기도하는 자

주님
오늘 하루도 지켜주셔서
아무 탈 없이 살아온 것 고맙고 감사합니다

주님께서 주신
생명의 말씀으로
저의 하루를 씨앗 뿌리고
거름 주고 김을 메어 가꾸게 하시고
웃음을 잃지 않는 시간을 주셔서 감사합니다

하나님을 아는 자
이 땅에서 지상천국 백성이요
저 세상에서도 천상천국 백성임을 아나이다

주님께서 주신 손과 발로
저의 어리석음을 다시는 드러내지 않는
살아도 주님을 위하여
죽어도 주님을 위하여
살고 죽는 그런 믿음 주시옵소서

그러하여 먼 훗날 저의 이름 석자가
이 세상에서 주님의 영광을 드러내며
저 세상에서도 잘했다 착한 종아
주님께서 인치시는 백성되게 하소서

신앙

자식에게
지식이나 재물을 유산으로
물려주지 말고
신앙을 유산으로 물려주자

이것이
가화만사성의 근본이다

신앙을 유산으로 물려준 가정은
환난이 닥쳐도
극복하는 힘이 있지만
세상 지식이나 재물을 유산으로
물려준 가정은
조금만 어려움이 닥쳐와도
한순간에 망하게 되는 법이다

감사하는 마음

육신이 피곤해도 마음이 즐거운 건
하루하루 살아가는 날들에 대한
감사가 있다는 것입니다

생각해 보세요
죽지 못해 투정 부리며 산다면
이건 아닙니다
살아간다는 건 꿈이 있다는 거지요

그런 꿈을 찾기 위해
피 눈물나는 세월을
함께 해왔지 않나요

그런 사람에게
위로를 줄 수 있는 말이 뭐가 있겠어요

당신과 같은 사람들이 있기에
아직은 이 세상
살아갈 만한 곳이라고

살아계신 여호와

오 여호와 하나님 아버지
나와 너와 우리 모두를 만드신
하나님 아버지

태양과 지구와 만물을 만드시고
태양계와 은하계와 우주를 만드신
여호와 하나님을
아빠 아버지로 부를 수 있게 해주셔서
너무너무 고맙고 감사합니다

사탄의 IQ 600보다
무한대의 IQ를 가지신 당신께선
당신께서 만드신
저 하늘의 별 하나도 만들지 못하는 저희들이
이 땅의 문학으로도 과학으로도
의학으로도 당신의 천문학을
따를 수 없습니다

여호와는 곧 예수 그리스도시다

지금 이 순간에도
나를 만드신 저 하늘 그분께선
질그릇 같은 나를
불꽃같은 눈으로 바라보신다

아들아 사랑하는 나의 아들아
네가 부르는 나 여호와는
너의 하나님 아버지니라
나 여호와는
나의 독생자 예수를 통해
너희가 예수를 구세주로 믿음은
곧 나 여호와를 믿음이라
이 땅에 나 여호와가
육신의 모습으로 오신 예수
그가 곧 나 여호와니라

예수 그리스도

당신은 이 땅에
세상 사람들의 밥으로 오셨습니다

내 살을 먹으라
내 피를 마셔라

당신은 이 땅에
세상 지식, 권세, 재물을 탐하는 왕이 아니오
세상 사람들의 손과 발이 되어

당신은 외로운 이웃이었습니다
당신은 과부요 고아요
홀아비였습니다

당신은 이 땅에
너와 나 우리 모두의 밥으로 오셨습니다

내 살을 먹으라
내 피를 마셔라

아무 죄도 없는 당신께선
나와 너의 우리 모두의 죄를 대신 짊어지고
십자가에 돌아가신 후
사흘 만에 부활하신
전지전능하신 여호와 하나님
기묘자 모사
스스로 나신 조물주이십니다

당신은
악한 자나 선한 자나
모두 다 사랑으로 함께하신
사랑 그 자체이십니다

물의 심판이 임하던 날

저 하늘에
그분의 분노가 임하던 날
하늘에 구멍이 뻥 뚫렸다

40주야를 장대비가 쏟아졌다
세상의 모든 것들을 앗아가버린
그분의 응징이었다

그분의 그런 분노 속에서도
그분께서 함께하신 노아를 보라

40주야 장대비가 그치던 날
산이 옛 모습을 드러내고
들이 모이고 강이 나타났다

까마기와 비둘기를 통해서
이 땅에 수마(水魔)가 할퀴고 간
저주 위에
생명의 손과 발이 모습을 드러내는구나

天地의 모든 것들이
사라져버린 폐허 위에
그분께서 예비해 놓은
노아 후손들의 축복을 보라

성경은 살아계신 여호와다

어느 날 파아란 하늘을 바라보았다

파아란 하늘에
두둥실 떠가는 흰 구름을 바라보다가
저 하늘을 만드신 그분께서
달과 별과 태양계와 은하계와
우주를 만드셨다는데

이 땅의 만물을 만드시고
당신의 형상을 닮은 사람을 만드시고
사람에게 만물을 다스리는 주인으로
택해주셨으니

이 땅에 사람으로 태어난 것이
그 얼마나 축복인가

생각해보면
이 세상 그 어떤 시인도
당신의 시인 다윗을 따를 수 없으며
이 세상 그 어떤 의술로도
고치지 못한 질병을 당신은 고치심이라

남자는 일해야 산다

내 나이 금년 73세
우선 이 나이 되도록
나에게 건강을 주신
나를 이 땅에 만드신 조물주의 은혜에
항상 고맙고 감사한 마음으로 살아간다

비록 남들처럼 大學에 가지 않아도
이렇게 건강해서
직장 생활을 하며
아내와 함께 살아간다는 게
그 얼마나 대단한 일인가

남자는 늙어서도 일해야 한다
아담과 하와가 원죄를 지은 후에
남자의 조상 아담은 일하는 고통으로
살아가라는 조물주의 명령이 있었다
일을 할 수 있는데도 노는 것은
남자의 사전엔 없다

이 세상은 나그네의 삶

금년 내 나이 73세
먼저 가신 아버지 형님보다는
17년 더 오래 살았지만
나중 가신 어머니 나이까지 살려면
앞으로 14년을 더 살아야 한다
오래 살고 적게 사는 건 문제가 안 된다
문제는 100세까지 살아도
이 세상은 나그네의 삶
영생하지 못하는 땅이다
영생하기 위해서는 이 세상 떠나
저 천국에 가서
아프지도 죽지도 않는 그곳에서 영원히 살아가는 것이다
하여 늙었다는 건 천국에 가는 시간이 가까웠음에
남은 시간 주님 오시기에
아들아 사랑하는 나의 아들아
돌아온 탕자에게 비단 채색 옷을 입혀
환영하는 天國 백성이 되어야겠다

작품해설
신앙심을 바탕으로 한 사랑과 봉사의 시학

김순진(문학평론가 · 한국문인협회 이사)

⟨작품해설⟩
신앙심을 바탕으로 한 사랑과 봉사의 시학

김순진(문학평론가 · 한국문인협회 이사)

1. 들어가는 말

　박춘수 시인이 두 번째 시집을 상재하신다. 2017년 9월에 펴낸 『돈키호테의 눈물』 이후 7년 만이다. 박춘수 시인은 그동안 열심히 시를 창작해오셔서 수많은 노트가 있다고 한다. 그 중 여러 편을 추려서 시집으로 엮는다. 박춘수 시인이 두 권째 시집을 내지만 이 세상에는 아직도 두 권의 책도 읽지 않은 사람이 부지기수라고 한다. 그런 점에서 책을 낸다는 것이 얼마나 대단한 일인가?
　일찍이 박지원은 학문은 나이와 성별, 지위와 신분을 넘어선 학문이었다. 그리고 실사구시(實事求是)의 학문이었다. 박지원에게 실사구시란 사실을 바탕으로 거짓 없이 시기적절하게 그때그때 구하는 기법으로 거지의 의리 있는 도덕 행동과 사리사욕과 명예에 눈먼 양반을 대치시킴으로써 양반의 가식적 도덕을 폭로하고 비판했다. 가난하고 천한 사람들의 건강한 도덕성을 장려하고 고결성이 퇴색되고 비속화된 양반들의 사고를 대비시킴으로써 양반의 허식적 생활을 풍자하고 비판했다.

　물론 박춘수 시인의 시와 박지원의 소설은 장르를 달리한다. 그러나 박지원의 문학이 직업의 귀천 없고, 지위에 고하 없다는 이념이 들어있는 것처럼 박춘수 시인의 시 역시 나이와 성별, 지위와 빈부에 구애받지 않고 직접 발로 체험한 시를 쓴다.

　박춘수 시인의 시를 세 가지로 구분하여 논한다면, 1. 사물과 사람의 순수한 마음씨를 본받고 습득하여 은연중에 독자에게 전달한다. 2. 태풍과 폭우, 비바람과 가뭄에 그대로 노출된 자연이 가지는 질긴 생명력을 본받는다. 3. 하나님께서 지으신 대로 살고, 이르신 대로 받들며, 가신 길을 따라가는 삶을 산다."와 같은 특징을 지니고 있다.

　그럼 이쯤에서 박춘수 시인의 시 몇 수를 읽어보면서 그의 마음 세계를 여행해보자.

2. 믿음과 감사

　　해야 고맙다
　　오늘 하루도 수고 많았구나

해야 고맙다
너는 눈이 너무너무 맑아서
오늘 하루 삼라만상의 모든 일거수일투족을
낱낱이 기억할 테지

그런 와중에도
너의 할 일을 다 하고
황혼이 되었구나

석양 노을이 아름다운 건
너의 하루가 항상 정직으로 가득하다는 걸
말하는 거야

내일 다시 네가
이 세상에 나올 때
숱한 삶의 일기들을 너는 써갈 테지
이 밤도 피곤한데
푹 쉬어라, 사랑하는 해야

- 「해야 고맙다」 전문

  살다 보면 고마운 것이 너무나 많다. 아침이 되면 해가 떠서 일할 수 있어 고맙고, 저녁이 되면 어두워져서 일을 그만하고 쉴 수 있어서 고맙다. 봄이 되면 따스해져서 고맙고, 여름이 되면 푸성귀들을 마음대로 먹을 수 있어 고마우며, 가을이 되면 곡식과 과일을 추수할 수 있어 고맙고, 겨울이 되면 창가에서 아름다운 설경을 바라볼 수 있어서 더욱 고맙다. 시시때때로 단비가 내려주니 목마르지 않아 고맙고, 살랑살랑 바람이 불어주니 시원해서 고맙다. 바다가 있어 엄청난 해산물을 공급해주니 고맙고, 시내와 강이 주변에 흘러주니 씻고 먹으며 살 수 있어 고맙다. 너른 들판이 있으니 농사지을 수 있어 고맙고 산이 있으니 오를 수 있어 고맙다. 바위가 있으니 앉아 쉴 수 있어 고맙고, 나무가 있으니 집을 짓고 들어앉을 수 있어 고맙다. 이 세상에 어디 고마운 것이 그뿐이랴. 부모님이 낳아주고 잘 길러줘서 고맙고, 자녀가 있으니 보살펴주며 외롭지 않아 고맙다. 이웃이 나와 함께 살아주니 든든해서 고맙고, 친구가 있으니 동행이라 고맙다. 사장이 있으니 월급 줘서 고맙고, 직원이 있으니 나를 위해 돈을 벌어줘서 고맙다. 건강하니 걸을 수 있어 고맙고, 길이 있으니 다닐 수 있어 고맙다. 신발이 있으니 발바닥이 안 아파서 고맙고, 차가 있으니 멀리 갈 수 있고 무거운 것을 운반할 수 있어 고맙다. 자전거가 있으니 동네 한 바퀴 돌 수 있어 고맙고, 퀵보드가 있으니 빨리 갈 수 있어 고맙다. 집 근처에 24시 편의점이 있으니 아무 때나 들러 물건 살 수 있어 고맙고, 재래시장이 있으니 사람 사는 것 같아 고맙다. 대형마트가 있으니 내가 사고 싶은 세상 모든 물건을 가져다줘서 고맙고, 인터넷으로 저녁에 시키면 새벽에 가져다줘서 정말 고맙다. 스마트폰이 있으니 소통할 수 있어 고맙고, 컴퓨터가 있으니 시집을 낼 수 있어 고맙다. TV가 있어 드라마 뉴스 볼 수 있어 고맙고 유튜브가 나오니 세상 이야기 들을 수 있어 고맙다. 하나님께서 내 모든 삶을 주관해주시니 진실로 고마우며, 믿음 안에 살아가니 선택해주심에 고맙다. 이 세상이 그렇게 고마운데, 사람들은 그런 고마움을 잊고 산다. 박춘수 시인이 '해야, 고맙다'라고 인사하는 것처럼 바람에게 감사하고, 어둠에게 감사하며, 범사에 감사하며 살아가자. 이는 박춘수 시인의 독실한 크리스천 신앙으로부터 우러나오는 현상으로 믿음과 봉사의 시학이라 할 수 있다.

> 초복이 지난 지 사흘째
> 장마 전선이 북상 중이다
>
> 새벽에
> 시간당 28mm의 비가 내렸다
>
> 조용하던 안산천에
> 이곳저곳에서 갑자기 불어난 물로
> 다리 밑에서 2m가량을 남겨놓고
> 하천 범람주의보가 발령되었다
>
> 2024년 새해가 밝은 후로
> 처음 내린 집중 호우다
>
> 다행히 安山 주변엔
> 높은 산이 없고 배수로가 잘 되어

침수 피해가 전혀 없다

내가 이곳에서 살아온 지가 30년째
그동안 폭설, 폭우는 단 한 차례도 없는
살기 좋은 고장이다

- 「안산(安山)」 전문

 나의 본(本)은 안산김씨다. 시조이신 김긍필(金肯弼) 할아버지는 신라 마지막 왕인 경순왕 아들 은열공(殷說公)으로부터 계출(系出)되어 고려 현종 15년(1024)에 상서우복야(尙書右僕射)·상주국(上柱國)·안산현개국후(安山縣開國侯)를 추증받고 식읍 1,500호를 받았다. 서기 1000년 당시에 1,500호면 피임을 할 수 없어 자녀를 많이 낳던 시절에다 노비들이 함께 살 시절이었으므로 한 가정이 조부모, 부모, 자녀 6명으로 최소 10명이라 칠 때, 20,000여 명 사는 대도시였다. 말하자면 안산시의 시작은 우리 할아버지부터 유래된 셈이다. 그의 아들은 최근 절찬리에 방영된 KBS TV 대하사극 '고려·거란 전쟁'에서 큰 역할을 한 공주절도사이며 현종의 장인(국구, 國舅) 김은부(金殷傅)이고 큰아들 충찬(忠贊)은 중추사병부상서(中樞使兵部尙書)요, 둘째 아들 난원(爛圓)은 문종의 스승으로 고려(高麗) 불교진흥을 이룩한 경덕국사(景德國師)다. 나는 안산을 사랑한다. 도서출판 문학공원 북디자이너인 내 딸 김초롱은 안산 총각과 결혼하여 지금 안산시 본오동에 살고 있다. 안산의 안(편안 안, 安)자와 산(뫼 산, 山)으로 이루어진 글자로는 안(安)자는 여자가 집 안에 들어있는 형상의 글자다. 말하자면 무엇보다도 먼저 여자가 편안해야 한다는 생각이 깃들어 있는 휴머니즘적인 글자다. 안산은 아마도 오르기 편한 작은 산들이 있는 동네라는 뜻으로 붙여진 지명이라 생각된다.

3. 삶과 죽음, 소유와 무소유

박대원 할아버지, 박채선 큰아버지
박채석 아버지, 박동환 형님
박점순 큰 누님, 홍정순 어머니
홍정석 외숙님, 박찰순 큰고모
박귀순 작은 고모, 박옥순 막내고모
박채문 윤동당숙, 박채경 안동당숙
박채국 강동당숙, 박채열 은동당숙
김판동 씨, 박판재 씨
김옥동 씨, 조명욱 씨, 서민호 씨
신형식 씨, 김일 씨, 유제두 씨

고인이 되신 분들이다
우리 아버지와 어머니
우리 일가친척
내가 태어난 고향 사람들이다

모두가 죽었다

이 세상 사람들이 아니다

나도 언젠간 그들처럼 죽을 것이다
그들처럼 이름을 남길 것이다

농부로 살다가 교사로 살다가
마을 유지로 살다가, 국회의원, 프로레슬링
복싱 선수로 살다가
그렇게 이 세상에서
사라져갈 것이다

아니다 나는 시인이니
저분들의 이름을 모두 내 시 속에 넣는다면
저 하늘로 올라가 영원히 반짝반짝 빛날 것이다

- 『모두가 죽었다』 전문

마치 박제영 시인의 「유성우」를 읽는 느낌이다. 여기서 잠시 박제영 시인의 유성우를 소개하자면 1 "1929년 스물아홉의 이장희가 죽었다 / 1935년 서른둘의 김소월이 죽었다. 1937년 스물일곱의 이상이 죽었다 / 1938년 서른넷의 박용철이 죽었다 / 1945년 스물여덟의 윤동주가 죽었다 / 1945년 스물아홉의 김종한이 죽었다 / 1956년 서른의 박인환이 죽었다 / 1968년 마흔일곱의 김수영이 죽었다 / 1969년 서른아홉의 신동엽이 죽었다 / 1988년 마흔둘의 박정만이 죽었다 / 1989년 스물홉의 기형도가 죽었다 / 1991년 마흔셋의 고정희가 죽었다 /

1992년 서른아홉의 이연주가 죽었다 / 1993년 서른넷의 진이정이 죽었다 / 1994년 마흔여덟의 김남주가 죽었다 / 2005년 스물여섯의 신기섭이 죽었다 // 모두 죽었다" 라고 죽음을 애도하면서 2 "아니다, 단지 / 사라졌다 저 광할한 우주 속으로 // 아니다, 영원히 / 살아있다 저 광활한 우주 속에서, 별이 되고 유성이 되고"라고 죽음을 부인하다가 3에서 "시인은, 수억 년 죽어서도 빛으로 남을 것이니 / 지상에 잠시 유배되었던 별이었으니 / 서른 아홉의 내가 죽는들 어떠하리 마흔의 내가 죽는들 어떠하리 // 당신 먹먹한 가슴에 서른 아홉개의 유성우로 내릴 수만 있다면 / 마침내 소멸이라도 좋으리"라며 시인은 죽어도 죽지 않음을 노래하다. 그런데 박춘수 시인은 당신과의 인연이 된 "박대원 할아버지, 박채선 큰아버지 / 박채석 아버지, 박동환 형님 / 박점순 큰 누님, 홍정순 어머니 / 홍정석 외숙님, 박찰순 큰고모 / 박귀순 작은 고모, 박옥순 막내고모 / 박채문 윤동당숙, 박채경 안동당숙 / 박채국 강동당숙, 박채열 은동당숙 / 김판동 씨, 박판재 씨 / 김옥동 씨, 조명욱 씨, 서민호 씨 / 신형식 씨, 김일 씨, 유제두 씨" 등의 살면서 부르고 싶었던 이름을 모두 불러줌으로써 그의 시집 속에서 영원히 살게 한다. 그것이 시인의 능력이고 시의 마력이다. 그는 일찍이 우리들의 응어리진 가슴을 풀어주던 박치기왕 김일 선수와 복싱챔피언 유제두 선수의 이름까지 이름을 불러줌으로써 그들이 영원히 챔피언으로 살 수 있게 시적 공간을 내어준다. 그리하여 그의 두 번째 시집 『거울 안 봐도 미인이십니다』 속에 그가 사랑하는 가족이 영생할 수 있도록 터전을 마련해준다.

> 나는 생각한다
> 그러므로 나는 존재한다
> 그렇다 생각하는 파스칼이 되자 로뎅이 되자
>
> 어차피 인생은 공수래공수거라
>
> 이 세상 그 많은 재물, 권세, 지식
> 저세상에 갈 때
> 단 하나도 가져갈 수 없는 것을
>
> 앞서 저세상에 가신
> 울 아버지, 울 어머니가
> 생전에 애지중지하시던
> 세상의 것들 단 하나도 가져가더냐
>
> 빈손으로 이 세상에 태어난 것처럼
> 빈손으로 저세상에 가는 것은
> 바로 그것이 인생인 것을
> ―「공수래공수거」 전문

언젠가 이생진 시인과 서해안 바닷가를 여행한 적이 있다. 이생진 시인은 지금 96세로 생존하는 시인 중에 가장 연세가 많은 시인이시다. 이생진 시인과 서해안으로 여행을 갔던 시간은 대략 20년 전쯤으로 거슬러 올라간다. '바다 시인'으로 널리 알려진 이생진 시인을 본인이 발행하고 있는 ≪스토리문학≫의 메인스토리에 취재하려고 하니 노(老) 시인께서는 바다를 여행하며 이야기를 하고 싶다고 하셨다. 그래서 당시 한 시인과 함께 이생진 시인을 모시고 태안의 바람아래해수욕장으로 여행을 간 적 있다. 서울에서 승용차로 3시간쯤 달려 서해안고속도로를 달릴 때쯤이었다. 차량 앞으로 갈매기 떼가 날고 있었다. 이생진 시인은 그때 서쪽 하늘을 손가락으로 가리키며 우리에게 물었다. "저기 저 하늘은 누구의 것입니까?" 그러나 우리는 제때 대답하지 못했다. "저 하늘은 보는 사람의 것입니다. 새가 날면 새의 것이고, 나는 새조차 보는 사람의 소유입니다."라고 말씀하셨다. 그러면서 그는 "사람들은 땅에 금을 그어 등기를 내고, 집에 소유권 등기를 하지만, 그것은 다 부질없는 일이에요. 모든 소유권은 자기 이름으로 되어있다가도 남에게 넘어가게 되어있고, 그것은 실질적인 소유가 아닙니다. 실질적인 소유는 보는 자의 것이고 즐기는 자의 것입니다."라고 말씀하셨다.

4. 직업정신과 봉사의 시학

나이 들어
할 수 있는 직장은

아파트 경비원이요

아파트 경비원도 못하겠다면
일이 힘들어 못한다는 건
말짱 거짓말일테고
사람과의 대인관계에
문제가 있을 터이니
이 세상 어느 직장에나
대인관계는 있는 법
나이 60, 70에
대인관계 때문에 문제라면
그런 사람 살아온 세월
헛 살아온 것 아니오 묻고 싶소

- 「아파트 경비원」 전문

　박춘수 시인은 지금 아파트 경비원으로 일하고 있다. 이 시는 박춘수 시인이 자긍심을 가지고 아파트 경비원을 하고 있다는 증거다. 아파트 경비원이란 일이 힘들어서 못 하는 것이 아니라 특성상 아파트에 입주한 여러 계층의 주민을 만나야 하는데 그런 문제라면 얼마든지 주민들에게 기분 좋은 말을 하면서 일을 할 수 있다는 자부심의 발로다. 오랜 직장생활에서 정년퇴임을 하고 제2의 인생을 살고 있는 것이다. 우리 출판사에 책을 실어다 주는 다마스 용달 기사가 있다. 그는 40여 년 동안 고위공무원으로 나라와 가정에 봉사했다. 이제 충분히 놀면서 연금으로 생활할 수도 있는 환경이 되었다. 그런데 그가 한 1년 놀아보더니, 도대체 무료해서 살 수가 없었다. 공원에 가서 앉아있는 것도 하루 이틀이고, 배낭을 메고 홀로 산에 가는 것도 한두 번이지 집에서 논다는 것은 그야말로 죽을 노릇이었다. 그는 결국 용달 차 다마스를 구입해 충무로 인쇄공장 골목으로 들어왔다. 그리고 다마스 기사가 되었다. 그가 처음 용달차를 한다고 했을 때 가족들의 만류가 대단했다고 한다. 가장 먼저 "우리가 집이 없느냐 돈이 없느냐, 이제 놀아도 된다는데 왜 그런 막일을 하려고 그러느냐?"라는 아내의 반대에 부딪혔다. 그리고 딸은 "이런저런 깨끗하고 좋은 일도 많은데 왜 그런 부끄러운 노동일을 하느냐?"고까지 했다. 그럼에도 불구하고 그 다마스 기사는 척척 일을 배워나갔다. 왜냐하면 평생 깨끗한 일, 사무실에 앉아서 하는 일만 하던 그는 움직임이 많은 일을 하고 싶었던 것이다. 그는 열심히 일해서 200만 원씩 꼬박꼬박 아내에게 가져다주면서 나머지로 충분히 결혼식 다니고 용돈을 한다고 한다. 그래서 요즘은 그의 아내도 그를 너무나 좋아하고 자녀들도 좋아한다고 한다. 게다가 함께 공무원을 하던 그의 공무원 친구들도 그에게 용기를 얻어 용달차를 사서 충무로로 나온 사람들이 여럿 있다고 한다. 남자는 바깥양반이라고 한다. 남자는 늙건 젊건 아침에 출근해서 저녁에 들어가야 한다. 집에서 아내에게 삼시 세 끼 얻어먹으며 삼식이 소리를 듣지 않고 이곳저곳 마음대로 차를 몰아 맛있는 음식을 찾아다니기엔 용달차 기사만큼 좋은 직업도 없을 것 같다. 그런 측면에서 박춘수 시인은 아파트 경비원으로 일하면서 틈틈이 시를 쓴다는 것은 매우 권장해야 할 일이다. 나이가 들었다고 집에서 먹고 논다는 것이 얼마나 비효율적인가? 박춘수 시인의 직업은 시쓰기에 참으로 좋은 환경이다. 시시때때로 계절이 지나고, 어른, 아이, 여자, 남자 등 늘 사람을 만날 수 있는 직업은 그리 많지 않다. 직업에는 귀천이 없다. 다만 남에게 돈을 꾸러 갈 때 어깨가 굽혀지고 제 목소리가 나오지 않는 법이니, 열심히 일하면서 가게에도 보탬을 주고 건강을 찾는 박춘수 시인의 아름다운 용기에 박수를 보내 드린다.

    초복을 며칠 앞둔
    오후 3시 30분쯤
    710동 아파트 승강기를 타고
    내려오는 중이다
    5층에서 승강기의 문이 열리더니
    음식물 쓰레기를 비닐봉지에 든 할머니가
    승강기에 탔다
    거울을 한참동안 쳐다본다
    이를 지켜보던 경비원이
    "거울 안 봐도 美人이십니다
    거울은 못생긴 사람들이 보라고 나온 겁니다"
    경비원의 말을 들은 70대쯤 돼 보이는

젊은 할머니가 배꼽이 빠져라 웃는다
하하하 하다가 호호호호 하다가
허리를 잡고 자지러지게 웃다가

- 「거울 안 봐도 미인이십니다」 전문

이 시는 박춘수 시인이 아파트 경비원을 하면서 일어난 에피소드에 관한 시다. 오랫동안 아파트 경비원으로 근무하다 보면 별의별 일이 다 일어날 것 같다. 아파트 사람들의 갑질로 인해 경비원이 유서를 써 놓고 자살을 한 일도 있다. 최근에는 아파트 관리 노동자에게 폭언과 갑질을 일삼던 한 입주민이 법원 판결에 따라 총 4,500만 원의 위자료를 지급해야 한다는 결정이 나왔다. 지난 8월 서울서부지법은 아파트 입주민 A씨에게 관리사무소장 B씨와 관리사무소 직원 C씨에게 각각 2,000만 원씩의 정신적 손해배상을 하라는 판결을 내렸다. 뿐만 아니라, A씨가 계속해서 피해자들의 해고를 요구하며 소송을 제기한 입주자대표회장 D씨에게도 500만 원을 배상하라고 판시했다. 직장에서 막 정년퇴임을 한 우리 또래들은 이제 아파트 경비원으로 가야 할 처지에 있다. 그곳은 인간 행복의 가장 기본단위인 가정이 있는 곳이다. 그런 곳에서 부모 같은 사람들에게 갑질과 폭언을 일삼는다는 것은 참으로 이해가 되지 않는다. 그런 척박하고도 어려운 환경 속에서 늘 허허 웃으며 밝고 맑게 근무하시는 박춘수 시인이야 말로 공자 맹자에 버금

가는 철학자로 보인다.

　이상에서처럼 박춘수 시인의 시를 "1. 믿음과 감사의 시학, 2. 삶과 죽음, 소유와 무소유, 3 직업정신과 봉사의 시학" 등 세 가지 관점에서 읽어 본 결과 박춘수 시인은 독실한 크리스천 신앙으로부터 우러나오는 믿음을 바탕으로 이웃들에게 봉사의 손길을 나누며 살고 있음을 이 시집을 통해 읽을 수 있었다. 또한 그는 내 주변에 살던 사람들의 이름을 모두 불러줌으로써 그의 시집 속에서 영원히 살게 하는데 이는 그가 영생을 얻고 살아갈 수 있다는 신앙심을 통한 자신감의 발로라 할 수 있다. 그리고 투철한 직업정신으로 사회와 이웃에 봉사하는 그는 진정한 우리들의 아버지라 하겠다. 이에 나는 그의 시를 "기독교 신앙을 바탕으로 한 사랑과 봉사의 시학"이라 평한다.

　두 번째 시집의 상재를 진심으로 축하드린다.

박춘수 제2시집

거울 안 봐도 미인이십니다

초판발행일 2024년 12월 15일

지은이 : 박춘수
발행인 : 김순진
편집장 : 전하라
디자인 : 김초롱
펴낸곳 : 도서출판 문학공원
등　록 : 2004년 3월 9일 제6-706호
주　소 : 우편번호 03382 서울 은평구 통일로 633
　　　　녹번오피스텔 501호 스토리문학사
전　화 : 02-2234-1666
팩　스 : 02-2236-1666
홈페이지 : https://blog.naver.com/ksj5562
이메일 : 4615562@hanmail.net

※ 책값은 뒤표지에 있습니다.
※ 저자와의 협의에 의해, 인지는 생략합니다.